H. LORIQUET

RAPPORT

PRÉSENTÉ

A M. LE MINISTRE DE L'INSTRUCTION PUBLIQUE

SUR L'IDENTIFICATION DE

FRAGMENTS DE MANUSCRITS

TROUVÉS A CALAIS, EN 1884

SUIVI D'UN

TABLEAU DES DÉPRÉDATIONS COMMISES EN 1816

sur les Manuscrits de la Bibliothèque d'Arras

ARRAS

Imp. Rohard-Courtin, place du Wetz-d'Amain, n° 7

M. D. CCC. LXXXVI

H. LORIQUET

RAPPORT

PRÉSENTÉ

A M. LE MINISTRE DE L'INSTRUCTION PUBLIQUE

SUR L'IDENTIFICATION DE

FRAGMENTS DE MANUSCRITS

TROUVÉS A CALAIS, EN 1884

SUIVI D'UN

TABLEAU DES DÉPRÉDATIONS COMMISES EN 1816

sur les Manuscrits de la Bibliothèque d'Arras

ARRAS

Imp. Rohard-Courtin, place du Wetz-d'Amain, n° 7

M. D. CCC. LXXXVI

AVERTISSEMENT

— ✳ —

En inspectant, au mois de juillet 1884, les archives de la ville de Calais, je fus bien surpris de rencontrer, dans un coin de rayon, deux forts paquets de parchemins, encore ficelés, déposés là depuis longtemps, contenant plusieurs centaines de feuillets dépareillés.

Cette réunion fortuite de fragments de tous les âges, depuis le IXe jusqu'au XVe siècle, découpés au canif, débris certains d'une Bibliothèque, était bien faite pour tenter vivement l'attention et provoquer des recherches.

Or, à quelque temps de là, ayant eu besoin, pour un renseignement, de feuilleter le Catalogue des manuscrits de la Bibliothèque d'Arras par Quicherat (1), mes yeux tombèrent, par hasard, sur ce fragment de l'*Avant-Propos* :

« M. Hœnel signale, en tête de son Catalogue, un successeur
« de M. Isnardi, nommé Liard, qui, voyageant sans cesse de
« France en Angleterre, sous le prétexte de sa santé, aurait

(1) DOCUMENTS INÉDITS : *Catalogue général des manuscrits des bibliothèques publiques des départements (Imprimerie Nationale).* — Avertissement, page 5.

« été le véritable auteur des déprédations dont les manus-
« crits d'Arras ont été l'objet.

« M. Hœnel est le seul qui parle de cette circonstance.

« Du temps de l'Empire, la conservation de la Bibliothèque
« était confiée à un M. Caron, qu'on accuse généralement
« d'avoir réduit les manuscrits d'Arras à l'état déplorable où
« ils sont, en détachant de chacun des volumes sur vélin,
« un nombre considérable de feuillets qui furent secrètement
« vendus à la livre. Sir Thomas Phillips n'a pas craint de
« flétrir publiquement le nom de M. Caron, en tête de son
« Catalogue imprimé, et peut-être lui était-il permis plus
« qu'à tout autre d'affirmer du moins le fait de la vente, car
« il parvint, dans ses voyages, à découvrir la trace des par-
« chemins vendus. Il en trouva une partie, trente kilogram-
« mes environ, chez un relieur d'Amiens, de qui il s'empressa
« de les racheter. M. Fauchison rapporte dans son manu-
« scrit, que M. Phillips s'offrit à céder son acquisition à la
« ville d'Arras, mais que le prix qu'il y mettait ne parut pas
« raisonnable. Les informations que j'ai prises sur le sort de
« ces parchemins m'ont appris qu'ils n'ont pas quitté la
« France, qu'ils sont actuellement entre les mains de M.
« Dufaitel, membre de la Société d'Agriculture, sciences
« et arts de Calais, et que, depuis plusieurs années, ce
« savant s'est offert à les céder à la ville d'Arras, pour la
« modique somme de 80 francs, sans que sa proposition dé-
« sintéressée ait reçu l'accueil qu'elle méritait. »

C'était une révélation. La tradition d'un vol commis à
Arras, aujourd'hui éteinte, était encore entière en 1841,
quand Quicherat composait son Catalogue. Elle se rapportait,
à n'en pas douter, à ma découverte.

Je fis donc part aussitôt (24 février 1885) de tous ces faits à M. le Ministre de l'Instruction publique, qui voulut bien me charger d'un essai d'identification des fragments retrouvés.

On verra dans le rapport qui suit, à quelles conclusions heureuses l'étude de ces documents aboutit.

Il me suffit ici de rappeler qu'en réponse à ce rapport, M. le Ministre prescrivit (24 octobre) une revendication de l'Etat sur la ville de Calais, et que, de son côté, l'administration municipale d'Arras, soucieuse de panser, autant que possible, les plaies de ses manuscrits et de réparer la fâcheuse incurie des administrateurs de 1830, fit part à la ville de Calais (3 novembre) de ses légitimes espérances.

La revendication de l'Etat et la supplique de la ville d'Arras ont trouvé dans l'administration municipale de Calais une oreille éclairée et favorable, et, le 29 décembre dernier, la Bibliothèque d'Arras a pu rentrer en possession de la portion du vol demeurée en France.

Quand pourra-t-elle revendiquer la portion qui existe de l'autre côté du Détroit ?

Que ne peut-elle retrouver aussi facilement les 38,000 feuillets qui ont été employés en reliures !

Arras, 4 Janvier 1886.

RAPPORT

A

M. le Ministre de l'Instruction publique

SUR DES

FRAGMENTS DE MANUSCRITS TROUVÉS A CALAIS

Arras, 10 octobre 1885.

MONSIEUR LE MINISTRE,

J'avais l'honneur, le 21 février de cette année, de vous présenter un rapport sommaire sur une trouvaille de fragments de manuscrits faite à Calais, au cours d'une inspection des archives de cette ville. Je vous soumettais, au sujet de ces débris, quelques réflexions tirées de leur état, du lieu où ils se trouvent actuellement et surtout des renseignements que M. Quicherat a laissés au public (1), d'un vol qui aurait été commis dans la Bibliothèque d'Arras, sous la Restauration. J'émettais, enfin, le vœu de pouvoir identifier cette trouvaille, et d'en faire, cette preuve fournie, bénéficier l'Etat, légitime propriétaire.

D'autre part, répondant à ce rapport, vous avez bien

(1) *Documents inédits. Catal. des mss. d'Arras.* — Imprimerie Nationale, 1872.

voulu me confier, par votre dépêche du 25 mars 1885, l'étude de la question.

Je me suis aussitôt mis à l'œuvre. J'ai sollicité de M. le Maire de Calais, en qui j'ai trouvé, je suis heureux de le reconnaître ici, une aide aussi éclairée qu'aimable le transfert provisoire des parchemins aux Archives départementales, où j'ai pu les étudier sur place plus à loisir. J'ai tenu l'un après l'autre ces précieux débris, j'en ai tiré toute la lumière possible, et je puis vous annoncer aujourd'hui que mes conjectures ont fait place à la certitude la plus complète.

Je vais donc reprendre la question à son origine, pour vous la présenter dans son entier et sous tous ses aspects. J'étudierai successivement *le vol de la Bibliothèque d'Arras, le sort des parchemins volés, leur identification sur les manuscrits d'Arras*.

I. — Vol de la Bibliothèque d'Arras.

D'après Hœnel (1), la Bibliothèque d'Arras aurait eu beaucoup à souffrir d'avoir été livrée à un nommé Liard, successeur d'Isnardi. Ce conservateur, peu scrupuleux, aurait, sous le prétexte de sa santé, traversé plusieurs fois le détroit, dissimulant ainsi à l'étranger des agissements frauduleux et gaspillant les manuscrits d'Arras.

(1) « Olim exornata erat clarissimis monumentis, hodie multorum jacturam fecit, quum pars librorum mss. in bibliothecam civitatis Boulogne-sur-Mer, cura Isnardy, qui eos ex manibus monachorum emigrantium eripere studebat, allata sit, alteram autem partem tempore bellorum civilium subduxerit Liardus quidam, bibliothecarius S. Vedasti, qui cum itineri prætenderet valetudinem, in Angliam transferebat libros mss., quorum, ut ferunt, pretium 100,000 florenorum excedebat. » Hœnel, *Catalogi librorum manuscriptorum qui in bibliothecis Galliæ, Helvetiæ, Belgii, Britanniæ, Hispaniæ et Lusitaniæ asservantur. — Lipsiæ, 1830.*

Placé plus près des événements, Hœnel semble, au premier abord, plus apte que nous à fixer les responsabilités des premiers bibliothécaires, et je serais le premier à l'en croire, si M. Quicherat n'avait, avant moi, émis un doute, et si, des pièces que j'ai actuellement entre les mains, ne ressortait une autre origine aux lacérations des manuscrits d'Arras.

Si Hœnel a possédé la preuve des vols de Liard et de leur transport en Angleterre, la Bibliothèque d'Arras peut ajouter Liard à la liste de ses dépositaires infidèles, mais il n'en demeure pas moins acquis aujourd'hui que Caron Ier, un des successeurs de Liard, est certainement l'auteur de la pitoyable mutilation des manuscrits qui nous restent. Ce n'est pas légèrement que cette imputation grave lui est attribuée en 1841 par M. Quicherat, et que sir Thomas Phillips a marqué sa mémoire d'une flétrissure indélébile. Mieux que personne, l'amateur anglais savait à quoi s'en tenir sur la provenance des débris qui venaient augmenter sa collection et sur la moralité du bibliothécaire d'Arras.

Ces deux témoignages, aussi considérables que celui d'Hœnel, ne souffrent pas la discussion ; ils sont d'ailleurs corroborés par un document des archives municipales d'Arras (1), qui va me fournir une preuve écrasante.

Profitant du chaos qui plane sur le Dépôt Littéraire dont il a la garde, immense centralisation de livres, d'instruments de physique, de tableaux, de médailles, d'objets du culte qui n'ont pas encore reçu de destination définitive et n'ont été inventoriés que sommairement, Caron met ce dépôt en coupes réglées, s'empare de tout ce qui lui semble présenter une valeur vénale, vend au poids aux épiciers les livres, prend pour son

_____

(1) ARCHIVES COMMUNALES : dossier coté 34 ; *Bibliothèque, affaire Caron.* — Enquêtes du commissaire de police des 7, 9, 14 décembre 1816.

chauffage les ais de bois qui recouvrent ceux-ci, porte aux sculpteurs les marbres et les statues, paye sa pension avec les orfévreries des manuscrits et des vases du culte. Ce pillage est tellement dénué de scrupules que, dès la fin de l'année 1816, l'opinion publique dans la ville d'Arras commence à s'émouvoir des bruits et des dénonciations qui circulent autour du dépositaire prévaricateur.

Je n'ai pas recherché si Caron porta un jour la peine réservée à ces agissements ou si sa fuite le sauva des poursuites pour le reste de ses jours, mais il nous suffit ici de savoir que, sur l'invitation du Maire d'Arras, le commissaire de police fit comparaître, dans la première quinzaine de décembre 1816, tous les gens qui, de près ou de loin, l'avaient connu, et qu'une série de procès-verbaux nous a gardé les graves dénonciations dont il fut alors l'objet.

A nous en tenir strictement à ce qui fait le sujet de ce rapport, nous apprenons par ces procès-verbaux : 1° qu'entre le mois de juin et la fin de novembre 1816, Caron vendit à Gorillot, libraire à Arras, 400 livres de parchemin ; que ce parchemin, tantôt employé en reliures, tantôt envoyé à Lille, fut acheté d'abord sur le pied de 24 s. la livre, puis de 27 s. quand Caron eut allégué une offre de 35 s. qu'on lui aurait faite à Paris ; 2° qu'une autre masse considérable sortit de la Bibliothèque et fut portée chez le bibliothécaire, sans qu'on ait pu savoir à Arras ce qu'elle était devenue.

Maintenant que les rapports de police nous ont suffisamment édifiés sur l'opinion qu'on se faisait dans l'entourage du bibliothécaire de la délicatesse avec laquelle il remplissait son mandat, nous allons essayer de supputer exactement l'étendue des ravages qu'accumulait autour d'elle cette triste gestion.

Un bibliothécaire de grand mérite, qui paye aujourd'hui d'un injuste oubli sa modestie trop grande, mais qui n'en a pas moins été l'organisateur intelligent et passionné de son dépôt et a su dresser de toutes pièces des catalogues très soignés, dont on fait encore usage aujourd'hui, — M. Fauchison, — consacra à l'étude des manuscrits de sa bibliothèque des recherches tout spéciales, dont M. Quicherat devait tirer plus tard (1841) dans son inventaire, un très heureux parti, en reconnaissant le mérite de leur auteur ; aussi est-il profondément regrettable que la ville d'Arras, en subventionnant en 1860 un nouveau catalogue, copie à peine déguisée des précédents, ait inconsciemment prêté la main à un plagiat qu'on ne saurait trop flétrir, car il fait table rase des travaux antérieurs.

Non seulement M. Fauchison fait entrer dans ses analyses les numérotations et les cotes successives, la provenance, l'âge, le format, la matière, le titre ancien et le titre vrai, souvent aussi l'historique de chaque manuscrit, mais encore, après avoir indiqué le nombre des folios subsistants, il suppute dans des tableaux supplémentaires les manquants de chaque cahier en se guidant du texte ou de la pagination ancienne ; œuvre éminemment utile dans un dépôt aussi maltraité, où les responsabilités doivent être soigneusement établies et circonscrites. C'est grâce à ce minutieux travail du vieux bibliothécaire que j'ai pu dresser l'état complet des manuscrits mutilés et calculer l'importance des vols commis. Or, voici le résultat de mes constatations.

Sur 779 manuscrits en vélin possédés par la Bibliothèque d'Arras à l'époque de M. Fauchison (1), 734 ont été

(1) M. Fauchison comptait 757 mss. en vélin, dont quelques-uns en plusieurs volumes ; eu égard au nouveau catalogue, on en compte réellement 779. Cette différence de méthode et quelques erreurs des anciens classements empêcheront nos supputations générales de se joindre, bien que mes évaluations particulières soient empruntées au savant bibliothécaire.

violés et 45 seulement sont réputés complets (1). Des 734 manuscrits mutilés, 43 à peine peuvent encore être présumés complets, car le texte paraît ininterrompu (2) ; en revanche, dans 54 volumes (3), le nombre des feuillets manquants dépasse, parfois de beaucoup, celui des feuillets restants : tel le manuscrit 747, qui devrait compter 275 feuillets, mais qui n'en a plus que 98 par suite de l'enlèvement des 177 autres.

J'ai employé plus haut cette expression : dépôt mis en coupes réglées ; elle est juste de tous points et rend très bien la situation, car à considérer la numérotation ancienne et la similitude des formats qui tenaient et tiennent encore côte à côte aujourd'hui les manuscrits respectés, on conclut nécessairement que des rayons dans leur entier ont été oubliés par mégarde ; d'autre part, en faisant une observation semblable sur les 54 volumes le plus outragés, on voit encore qu'un même caprice d'une même heure a présidé à leur saccagement ; enfin, mêmes conclusions, si je considère ma trouvaille de Calais s'adressant à tels et tels rayons et nullement aux rayons intermédiaires qui accusent néanmoins les mêmes pertes.

(1) Ce sont les mss. 11, 54, 218, 226, 229, 230, 231, 240, 248, 251, 409, 428, 429, 456, 471, 507, 509, 515, 521, 720, 725, 726, 743, 761, 769, 771, 773, 774, 777, 780, 785, 870, 897, 971, 972, 975, 976, 1,020, 1,021, 1,022, 1,024, 1,025, 1,028. 1,031, 1,004.

(2) Ce sont les mss. 224, 225, 228, 250, 415, 438, 446, 461, 465, 527, 536, 540, 542, 545, 550, 723, 724, 728, 731, 732, 734, 735, 736, 737, 741, 759, 760, 762, 763, 770, 778, 781, 782, 787, 950, 983, 999, 1,000, 1,006, 1,023, 1,032, 1,045, 1,070.

(3) Ce sont les mss. 7, 8, 12, 14, 57, 62, 67, 86, 137, 161, 167, 185, 188, 260, 267, 293, 294, 303, 305, 315, 323, 326, 327, 329, 330, 336, 343, 346, 347, 349, 354, 360, 378, 397, 400, 408, 424, 425, 434, 440, 441, 455, 459, 463, 473, 474, 498, 561, 707, 715, 718, 745, 747, 886.

Dans 46 cas (1), Caron a supprimé tout le commencement ou toute la fin d'un volume ; d'autres fois, et j'en compte 11 (2), il enlevait des cahiers entiers, de part en part. Mais ces moyens, certainement expéditifs, n'étaient pas très sûrs et pouvaient compromettre ; aussi le mode le plus habituel, celui qui eut toutes ses préférences et ses soins, est-il de couper au canif les feuillets, soit par unités, soit par groupe de deux ou trois (3). Parfois aussi, il détache du cœur des cahiers deux ou trois feuillets doubles, en respectant habilement la ficelle qui les lie (4). Ces deux manières donnent lieu à deux résultats également désastreux pour des objets d'une pareille valeur ; ou bien, il ne subsiste pas un seul cahier entier et le texte est constamment rompu par l'alternance des manquants et des feuillets qui restent (5), ou bien le texte est continu pendant dix ou douze pages et s'arrête brusquement durant cinq ou six autres.

Il ne semble pas que la miniature ait jamais été le mobile des vols de Caron. Trois manuscrits (6) seulement ont été attaqués de ce chef, au dire de M. Fauchison, et j'ai constaté à peine quatre ou cinq lettres ornées dans les 1,370 parchemins de Calais. Donner à ce genre de commerce une importance quelconque eût été s'exposer trop directement et, peut-être, sans résultat bien appré-

(1) Ce sont les mss. 2, 9, 10, 52, 55, 92, 162, 182, 225, 250, 252, 253, 261, 263, 267, 270, 280, 309, 394, 400, 420, 438, 453, 466, 483, 523, 727, 770, 781, 782, 795, 842, 881, 883, 890, 907, 914, 951, 954, 966, 984, 993, 1,006, 1,015, 1,018, 1,029.

(2) Mss 255, 257, 259, 261, 264, 272, 279, 287, 394, 698, 802.

(3) Pas un cahier n'est entier dans les nᵒˢ 294, 564, 671, 733, 740.

(4) Mss. 12, 277, 658.

(5) Mss. 325, 330.

(6) Ce sont les nᵒˢ 297, 422, 545.

ciable, car le goût des collections n'était pas éveillé alors. Il semble, au contraire, que Caron n'ait jamais eu d'autres complaisants que les relieurs et les épiciers ; aux uns il vendait les livres, aux autres il adressait les parchemins : les nombreuses coupures (1) qui existent aux larges marges des manuscrits très soignés, en vélin de premier choix, indiquent suffisamment à quelle clientèle il avait affaire.

Voyons maintenant où nous conduisent les évaluations de M. Fauchison et quelle a pu être la quantité de parchemin volé, par rapport aux dépositions du libraire Gorillot et du concierge Monmouton.

En mettant bout à bout les totaux de chacune des pages de mon *Etat des mutilations*, j'obtiens la somme effrayante de 37,489 feuilles enlevées contre 105,772 actuellement conservées. Mais, d'une part, il convient de déduire de ces derniers 14,205 feuillets qui représentent les 88 manuscrits complets ou présumés tels ; les 691 manuscrits lacérés ne comptent donc plus que 91,567 feuillets. D'autre part, il faut ajouter aux 37,489 feuillets coupés l'évaluation approximative des points d'interrogation dont M. Fauchison a fait suivre certains manuscrits ; en portant à 318 feuillets les manquants des 159 manuscrits ?, à 330 ceux des 55 ??, à 270 ceux des 27 ???, à 20 celui du ????, on obtient un supplément de 938 feuillets disparus. En second lieu, 14 manuscrits, au moins, ont disparu en entier, laissant ainsi, par une moyenne de 200 feuillets, un déficit de 2,800 feuilles. Enfin, les 95 feuillets retrouvés du *Papias* accusent un manque de plus de 200 feuillets pour ce manuscrit. Ces constatations nouvelles augmentent donc le vol de 3,938 feuilles et le portent conséquemment à 41,427, soit au tiers de ce qui est arrivé jusqu'à nous.

(1) Mss. 244, 253, 545, 567, 620, 726, 889, 1,054.

Si nous prenons pour base d'évaluation les 15 kilos
trouvés à Calais, nous trouvons que les lacérations ont
porté sur l'énorme quantité de 453 kilogrammes qui, à
27 s. la livre, durent apporter à Caron la mince somme
de 1,223 fr. 10, ridicule produit d'un vol monstrueux
qu'un prix quelconque ne rachèterait pas.

II. — Sort des parchemins volés.

Nous avons vu plus haut que le sieur Gorillot acheta
pour son compte 400 livres de ce parchemin, qu'il ex-
pédiait en partie à Lille au sieur Castiaux, ou qu'il con-
sommait à domicile en travaux d'atelier ; mais nous
avons négligé à dessein un détail de la déposition du
libraire, qui trouve ici sa place naturelle ; je veux parler
de la saisie qui fut faite et du dépôt au commissariat de
tous les parchemins non employés qu'on trouva chez
Gorillot. Les 400 livres qui entrèrent chez lui ou chez
Castiaux sont perdues pour nous et n'ont pas laissé de
traces, cela est absolument certain.

Mais, d'autre part, la déposition du concierge nous
donne à entendre « *qu'une masse de parchemin qui em-*
« *plissoit une chambre, en a été enlevé par deux frères,*
« *porteurs de charbon au Rivage, et a été placé par eux à*
« *la porte de son bureau, d'où elle est disparue sans con-*
« *noître où elle se trouve..., qu'à cette époque ledit Caron a*
« *beaucoup tourmenté ledit concierge pour en obtenir la*
« *clef de la porte de la rue, que le déclarant lui a consta-*
« *ment refusé... »* Cette déposition, dénuée d'ambiguité,
implique que Caron, jugeant ses débouchés d'Arras in-
suffisants pour la quantité de ses déprédations, chercha
à s'en créer d'autres, en dehors de toute surveillance, et
fit sortir une partie de son vol par une voie sur laquelle
personne ne put fournir d'avis. Il faut donc voir là les

250 kilos qui complètent l'évaluation de M. Fauchison, et placer leur débit, ou partiel ou total, à Amiens, puisque c'est dans cette ville que sir Thomas Phillips les rencontra.

M. Quicherat nous apprend, en effet, que le collectionneur anglais put racheter d'un relieur de cette ville 30 kilos environ de ces précieux fragments. Sans doute, la majeure partie était déjà utilisée et sortie de la l'atelier, car sir Phillips acheta certainement tout ce qu'il put trouver : je n'en veux pour preuve que ce fait d'avoir dépouillé les 55 volumes restant en magasin, qui nous ont fourni les 55 feuillets, coupés et encollés, de l'*Exposition de Bède sur l'évangile selon Saint-Luc*. Deux couverts de livres sont même venus jusqu'à nous sans subir l'opération du lavage. Tout naturellement, sir Phillips fit un triage de sa trouvaille, garda la partie qui lui plut, et les 15 kilos retrouvés aujourd'hui sont probablement les reliefs de son choix ; de plus, s'il n'y a pas eu d'erreur dans l'évaluation faite par ceux qui nous ont légué ce renseignement, ces autres débris, tirés, comme les nôtres, de la boutique d'Amiens, se trouvent, à mon avis, en Angleterre, où l'opinion générale plaçait tout le vol en 1841.

N'ayant pas trouvé dans la Municipalité d'Arras une oreille intelligente, des yeux clairvoyants, un conseil éclairé pour accueillir la proposition qu'il fit, sir Phillips fut heureux de se débarrasser de la portion qui nous intéresse entre les mains d'un autre collectionneur, M. Dufaitel, de Calais, qui, à son tour, l'ayant offerte sans succès à l'ancienne propriétaire pour la modique somme de 80 fr., se décida à la garder (1).

(1) Cette apathie des administrateurs arrageois est d'autant pitoyable qu'à la même époque le bibliothécaire, M. Fauchison, adressait (1826-1830-1839) à la Municipalité l'état complet des mutilations et en recherchait l'origine.

Comment ces débris vinrent-ils échouer dans le local de la Bibliothèque de Calais, où je les ai retrouvés mêlés aux archives ? il serait difficile de le dire. Mes recherches en ce sens et celles de M. Reboul, archiviste municipal, n'ont eu aucun résultat. M. Dufaitel ne dut pas vendre, de son vivant, ces parchemins qui n'avaient pas trouvé preneur dans la ville qu'ils intéressaient ; il dut encore moins les donner, car sa réputation d'amateur est assez faite pour ne point laisser prise à cette supposition. Il me paraît plus probable, au contraire, que les feuilles en question ont été achetées après sa mort, en 1858, lors de la vente qu'on fit de ses collections.

Quoiqu'il en soit de cette acquisition ou de ce don, son entrée dans la Bibliothèque de Calais ne souleva aucun enthousiasme, car tels ils étaient ficelés lors de leur arrivée, tels j'ai retrouvé ces parchemins en 1884, blottis dans un fond de rayon, sous deux doigts de poussière, bien dissimulés derrière des monceaux d'archives inexplorées.

III. — Identification des parchemins volés, sur les manuscrits de la Bibliothèque d'Arras.

Très mince serait le résultat d'avoir raconté par le menu l'histoire des vols de la Bibliothèque d'Arras, sur lesquels on était incomplètement, renseigné et l'odyssée curieuse de leurs débris, si nous avions dû borner nos travaux à une présomption, forte il est vrai, mais dénuée de preuves palpables. Heureusement, tel n'est pas le cas, et, grâce à M. le Maire de Calais, l'étude est complète.

L'évaluation de la trouvaille, je pus vite m'en convaincre, ne répondait que d'assez loin à mes conjectures de 1884 : je parlais alors de 5 à 600 feuilles de parchemin, mais à les compter, j'en ai trouvé 1,370. Il n'était point facile d'asseoir la base d'un premier triage sur une pareille quantité, car, malgré les ressemblances, la peine eût été vaine d'essayer dès l'abord des groupements d'écriture ; un même manuscrit comporte souvent dix et vingt traités divers, un même traité a pu être écrit par plusieurs mains très différentes.

En présence de l'impossibilité de trouver le Livre d'Esdras dans un manuscrit catalogué : *Expositio beati Hieronymi super Apocalypsim*, je n'ai pas davantage cherché un rapprochement de textes *à priori* ; cette méthode qui peut paraître plus intelligente, était d'une inefficacité absolue.

J'ai donc commencé mes opérations par une numérotation continue des feuilles du numéro 1 au numéro 1,370, afin de donner à chacune une appellation nette et brève. J'ai ensuite mesuré en millimètres la longueur et la largeur des parchemins, ce qui m'a fourni la série croissante des tailles ; après quoi, mettant d'une part les pages à longues lignes et d'autre les pages à deux colonnes, j'ai mesuré la longueur et la largeur entre les marges, et l'espacement de la réglure, compté les lignes, séparé les textes glosés des textes continus. Les rapprochements d'écriture en devinrent plus faciles.

Le texte n'a servi qu'à fortifier mon idée de joindre ensemble des feuillets de même écriture et de même format. Cette manière de faire, très pratique, m'exposait à de moindres mécomptes.

Toutes ces opérations préliminaires terminées, j'ai pu classer par taille sur les tables de la Bibliothèque d'Arras 190 groupes de parchemins, de même écriture respectivement et de même texte, préalablement cousus, et appeler l'un après l'autre les 1,200 manuscrits de la collection actuelle. Chacun d'eux, mesuré soigneusement, fut confronté avec tous les fragments répondant à sa taille, à son écriture et à son texte, et tels groupes, qui avaient paru différents, vinrent se joindre pour entrér dans un même volume, à mon grand étonnement. Les 190 groupes établis primitivement se fondirent de la sorte en 117 unités réelles.

J'ai inscrit sur mon *Etat des mutilations* les identifications obtenues, je me bornerai donc à les résumer ici.

Sur 1,370 feuilles retrouvées, 1,206 entrent de plein droit dans 92 des manuscrits d'Arras; 69 autres feuilles, dont l'identification n'a pu être faite, répondent à 24 manuscrits ; enfin 95 font partie d'un *Papias*, sur lequel je reviendrai bientôt.

Certainement, avec un pareil résultat, la preuve est faite et les fragments de Calais sont bien assurément la dépouille d'Arras ; aussi ne saurait-on invoquer l'écart de 69 feuilles pour contester la provenance de la totalité. En effet, après un premier appel de tous les manuscrits, j'avais à peine identifié les deux tiers de mes groupes ; le reste, dissimulé sans doute, n'avait pas frappé ma vue au moment opportun et n'avait pu être classé : j'ai dû recourir à une seconde consultation qui fut tout à fait décisive. Pourquoi ne pas voir dans les 24 manuscrits auxquels correspondent ces 69 feuilles, une dizaine de lapsus, inséparables d'un triage rapide? Le temps dont je disposais, pris sur mes travaux ordinaires, ne me permettait pas un examen plus approfondi et, d'ailleurs, j'avais une preuve générale à faire, tandis que le travail de détail et de reconstitution des volumes sera l'œuvre du bibliothécaire. Pour les 14 manuscrits qui restent, j'invoquerai une autre présomption: je les suppose volés dans leur entier, car plusieurs d'entre eux, ceux notamment du format grand in-folio, n'ont répondu à aucun des manuscrits de même taille qui se sont présentés. Témoin, ce *Livre des Parallipomènes*, dont j'ai 8 feuillets, et qui ressemble de tous points, taille, largeur de marges, écriture, exécution, titres courants, gloses, etc., à d'autres Livres de la Bible, dont le Catalogue a fait autant de **manuscrits**

séparés sous les n°ˢ 818, 836 et 837. Toute cette Bible,
en plusieurs volumes, a évidemment été commandée
par une même personne, écrite par les mêmes scribes,
et dut exister en entier dans la Bibliothèque à un moment
donné ; on s'en convainct facilement en feuilletant le
catalogue des manuscrits dressé par les religieux de
Saint-Vaast. Caron aura dérobé plusieurs volumes de
cette Bible dans leur entier, trouvant la manière plus
productive. J'ai d'ailleurs la preuve de ces vols facile
dans le *Papias*, dont j'ai déjà si souvent parlé sans m'y
étendre davantage.

Voici donc le fait. Parmi les parchemins retrouvés à
Calais, j'ai rencontré une portion de volume encore cou-
sue, forte de 80 feuillets, auxquels, par ressemblance, 15
autres vinrent successivement se joindre. Ce fragment
considérable, provenant d'un glossaire, allant de la lettre
O à la lettre S, avait fort attiré mon attention ; et cepen-
dant, malgré tous mes soins, il ne put retrouver sa place.
Aussi, partant de cette idée que mes 1,370 feuilles pro-
venaient d'une même source, j'ai étudié spécialement ce
manuscrit pour en deviner le titre et en rechercher la
provenance. C'était, à n'en pas douter, un *Elementarium
doctrinæ rudimentum* de *Papias*, que j'ai retrouvé dans
le catalogue des manuscrits de Saint-Vaast, sous la cote :
*L. 4. Papiæ elementarium ex variis authoribus excerptum
f° perg.* $\frac{345}{518}$. L'abbaye de Saint-Vaast a donc possédé ce
manuscrit, qui est entré, lors de la Révolution, au Dépôt
Littéraire, pour en sortir par la main criminelle de Caron
et y faire retour plus tard en lambeaux.

Je suis moralement certain de posséder dans mes
fragments, mais par 2 ou 3 feuillets seulement, une quinzaine de manuscrits soustraits de la même façon.

Ainsi les 1,370 feuillets de Calais ont apporté leur con-
tingent à 117 manuscrits de la Bibliothèque d'Arras, dont
15 du XIIᵉ siècle, 7 du XIᵉ siècle, 14 du Xᵉ siècle et 2
du IXᵉ siècle.

Il serait puéril ici d'établir la moyenne des restitutions, car la réunion de ces fragments est l'œuvre du hasard. Tels manuscrits, comme les nᵒˢ 128, 134, 155, 203, 255, 262, 344, 427, 435, 613, 733, 746, 817, 876, 886, demeurent presqu'aussi incomplets après qu'avant la reprise, mais tels autres, comme les nᵒˢ 91, 144, 158, 208, 222, 350, 686, 693, 696, 699, 701, retrouvent la moitié ou les deux tiers de leurs manquants.

Je dirai la même chose de la qualité de la restitution. Comme on l'a vu plus haut, sir Phillips a dû faire un choix intelligent à son profit, car une bonne partie de nos groupes n'offrent qu'une valeur de texte très restreinte, tant il y a d'œuvres semblables par le monde, telles les gloses sur les différentes parties de la Bible, les collections de Décrétales, les homélies du Temps et des Fêtes, les œuvres de St Grégoire, de St Jérôme ou de St Thomas. Mais d'abord, à défaut d'autres mérites, l'âge des manuscrits, dont 23 au moins sont antérieurs au XIIᵉ siècle, leur en tiendrait lieu. Ensuite, quelques très bons feuillets couvriront à eux seuls, auprès des érudits, la nudité des autres ; par exemple :

La *Vita B. Gregorii* (160) du XIᵉ siècle, dont nous augmentons de 17 feuillets les 44 existants ;

Les *Passiones et vitæ Sanctorum* du XIᵉ siècle (178), qui gagnent 14 feuillets pour les vies des saints Brice, Barthélemy, Simon et Jude, André, Pierre et Paul, Nicodème, Martin, Thomas, Mathieu et Léonard ;

Le *de Institutione novitiorum* de St Bonaventure (182) qui en reprend 12 ;

Le *Manipulus curatorum*, dont la perte de 17 feuillets est réduite à 9 ;

Le *Trésor* de Brunetto Latini (1060) auquel nous rendons 2 feuillets ;

Les *Miracula S. Sebastiani, Vita S. Hugonis, Passio S. Benigni* (1071), du Xᵉ siècle, qui retrouvent 4 feuillets ;

La *Translation des restes de S. Benoît* (1) *au monastère de Fleury*, par Adalbert du même nom, manuscrit du Xe siècle (1079), auquel nous rendons les 2 feuillets perdus.

Mais nous devons une mention tout spéciale aux trois suivants, précieux à plus d'un titre.

Le *De officiis* d'Amalaire, manuscrit du IXe siècle (699) avait perdu 29 feuillets ; nous lui en rendons 23.

Le *Vitæ S. Remigii, Lamberti, Nicasii et Mauri*, manuscrit du Xe siècle (199), qui ne comptait plus que 54 feuillets, en aura désormais 69. Des 15 feuillets retrouvés, 8 ont trait à la vie de St Remi par Hincmar; 3 à celle de St Lambert, publiée par les Bollandistes (2) et de St Nicaise, encore inédite, 4 à celle de St Maur par Faustus.

Enfin, le manuscrit des *Métamorphoses d'Ovide* (XIIe siècle), auquel il manquait 14 feuillets, en retrouve 8 qui appartiennent aux livres III, IV, V, VII, IX, XI, XII, XIII des dites *Métamorphoses*, restitution de grande valeur, eu égard à l'édition nouvelle des Œuvres d'Ovide que prépare M. Georges Sidney, professeur à Owens Collège, de la Victoria University de Manchester. Venu exprès à Arras pour collationner ce manuscrit, le professeur anglais n'a pu profiter de ces 8 feuillets, dont l'existence n'était pas encore soupçonnée.

Ces détails suffisent, je pense, à donner une certitude absolue sur l'identification que je proposais et sur son résultat.

Mais j'en veux donner une preuve encore plus palpable, s'imposant aux yeux. Prenons par exemple le manuscrit 996 dont nous avons parlé en dernier lieu et que vont accroître 8 feuillets nouveaux, inscrits sous les numéros provisoires 182 à 189.

(1) « Incipit gloriosus et a Deo dispositus adventus, in cœnobio Floriacensi rite vocato, dilecti ac præelecti Dei ante omnia sæcula Benedicti patris. Cum diu gens Longobardorum... »

(2) Sept. V. 582.

Voici dans quel ordre ceux-ci viennent se ranger.

Le n° 182 se placera entre les feuillets actuels 14 et 15.

   — 183. . . . . 18 et 19.

   — 184. . . . . 30 et 31.

   — 185. . . . . 48 et 49.

   — 186. . . . . 56 et 57.

   — 187. . . . . 70 et 71.

   — 188. . . . . 75 et 76.

   — 189. . . . . 86 et 87.

La même opération peut se faire sur tous les manuscrits portés sur l'*Etat des mutilations*; mais la réintégration définitive de tous les feuillets dans leurs volumes respectifs demanderait un plein mois de travail assidu et n'ajouterait aucune force nouvelle aux arguments présentés.

J'ai terminé, Monsieur le Ministre, l'étude que vous m'avez confiée; j'ai essayé d'en condenser les lignes principales dans ce rapport, en rejetant à la fin, dans une série de pièces justificatives, les détails qui m'ont paru moins essentiels.

C'est à l'Etat, propriétaire de ces manuscrits, qu'il appartient maintenant, de concert avec la Ville d'Arras, sa dépositaire, de revendiquer ce bien auprès de la Mairie de Calais.

Ces fragments, sans lien entre eux, ne sont d'aucune utilité pour cette dernière ville et ne peuvent que rester enfouis en l'endroit ignoré où je les ai trouvés. A Arras, au contraire, rétablis à leurs places respectives, ils viendront atténuer les pitoyables vides créés par Caron, rendre à plusieurs manuscrits une intégrité relative, apporter à l'érudit des secours peut-être précieux.

D'ailleurs, la Municipalité de Calais, d'abord émue de l'idée de reprise que j'avais soulevée, est aujourd'hui revenue d'elle-même à une saine vision de la question.

Les explications que j'ai fournies à M. le Maire lui ont fait reconnaître le bien fondé des revendications de l'Etat, et l'examen contradictoire auquel la Commission de bibliothèque de cette ville va se livrer sur les parchemins que je lui retourne, achèvera d'éclairer sa religion.

Permettez-moi, Monsieur le Ministre, de rendre ici à M. Fauchison, savant modeste, et à M. Quicherat, l'hommage de tout ce qui précède, car ce sont leurs travaux qui ont amené l'heureux résultat que je vous soumets aujourd'hui.

Veuillez agréer, Monsieur le Ministre, l'hommage de mon profond respect et de mon dévouement.

L'Archiviste du Pas-de-Calais,

H. LORIQUET.

ÉTAT

DES MUTILATIONS DES MANUSCRITS

DE LA

BIBLIOTHÈQUE D'ARRAS

Contenant les constatations faites en 1826-1830-1839

Par M. FAUCHISON

Et la répartition des 1370 débris trouvés à Calais

Par H. LORIQUET

N° actuel.
1
»
»
»
»
2
3
5
6
7
8
9
10
»
11
12
14
15
17
19
20
23
24
27
28
31
32
33
34
38
41
43
44
45
46
47
49
51
52
53
54
T

No actuel.	No ancien.	Format.	Siècle.	Feuillets présents	Feuillets coupés.	Feuillets retrouvés.
1	3 I			165	55	
»	II			180	80	
»	III			190	108	
»	IV			175	101	
»	13			91	45 ?	
2	17			119	107	
3	19			125	90 ?	
5	146			23	8	
6	16			78	97	
7	7			67	70 ??	
8	10 I			117	96	
9	II			148	100 ?	
10	47 I			115	61 ?	
»	II			97	60	
11	6			292	»	
12	48			88	94	
14	23			86	115	
15	27			108	62	
17	42			201	61	
19	29			110	58	
20	28			142	57 ??	
23	25			53	36	
24	22			70	66	
27	32			136	76 ??	
28	90			231	89	
31	91			178	52	
32	55			187	75	
33	89			123	85	
34	30			129	81	
38	58			224	90	
41	54			110	55	
43	37			133	110	
44	39			37	10	
45	35			147	75	
46	93			102	46	
47	844			118	117	
49	94			142	94	
51	ʹ59			112	60	
52	949			91	60 ??	
53	95			88	34	
54	87			6	»	
Total				5134	2836	

No actuel.	No ancien.	Format.	Siècle.	Feuillets présents	Feuillets coupés.	Feuillets retrouvés.
55	38			102	60 ?	
56	104			118	1	
57	845			75	85	
59	101			151	110	
60	129			165	84	
61	854			87	83	
62	850			49	68	
63	64			101	61	
64	65			143	31	
65	97			132	48	
66	62			88	48	
67	843			62	74	
68	63			70	34	
70	96			177	76	
71	56			64	10	
72	79			30	13	
73	123			118	60	
74	71			65	25	
75	956			29	10 ?	
76	74			54	30 ??	
78	100			111	71	
79	127 [1]	fo	XII	147	54	5
80	85			127	47	
81	213			111	29	
82	135			84	36	
83	102			102	43	
84	99			200	103	
85	214			48	16	
86	973			43	70 ??	
88	947			106	52	
89	77			19	1	
90	72			44	24	
91	170 [2]	fo	XIII	211	107	45
92	955			63	30 ??	
93	128 [3]	fo	XIII	117	41	8
96	977			22	7 ?	
98	984			93	65	
99	113			166	46	
100	156 [4]	fo	XIV	164	78	27
102	150 [5]	fo	XII	126	56	21
104	972 I			119	90	
Total				4103	2077	106
Report				5134	2836	»
Total				9237	4913	106

(1) Hieronymus contra Rufinum et Jovinîanum, in Danielem.
(2) Summa Monaldi in jure canonico.
(3) Glossa in Librum Numerorum.
(4) Prima pars summæ S. Thomæ de Aquino.
(5) Magister sententiarum.

N° actuel.	N° ancien.	Format.	Siècle.	Feuillets présents	Feuillets coupés.	Feuillets retrouvés.
106	126[1]	f°	XIII	112	37	12
108	154			22	2	
110	110			145	33	
117	173[2]	f°	XII	102	64	33
118	219[3]	f°	XIII	220	102	37
119	159[4]	f°	XIII	111	41	21
120	111			106	47	
122	172[5]	f°	XIV	60	21	11
125	217			151	48	
126	216			159	50	
127	215			83	57	
128	133[6]	f°	X	137	53 ??	1
129	134[7]	f°	XIII	92	31	7
133	179[8]	f°	XIII	50	30	13
134	136[9]	f°	XIV	234	73	1
135	130			131	44	
136	103			103	48	
137	979			77	86	
143	258			39	37	
144	260[10]	f°	XIV	112	41 ?	21
148	165[11]	f°	XV	39	21	10
155	125[12]	f°	XIV	69	35	1
156	220[13]	f°	XIII	114	56	4
158	180[14]	f°	XIV	113	39	22
159	185[15]	f°	XII	50	38	21
160	221[16]	f°	XI	94	42	17
161	874			69	74	
162	224			135	26 ?	
TOTAL				2929	1276	232
REPORT				9237	4913	106
TOTAL				12166	6189	338

N° actuel.	N° ancien.	Format.	Siècle.	Feuillets présents	Feuillets coupés.	Feuillets retrouvés.
163	184			132	36	
164	266			97	26	
165	871			137	111	
167	1003			2	39 ??[a]	
171	305			81	39	
172	301			45	35	
178	309[17]	f°	XI	142	45	14
180	308[18]	f°	XIV	223	60 ???	3
182	262[19]	f°	XIII	58	20 ?	12
184	254			67	10 ??[b]	
185	999			64	70 ?	
188	1004			45	40 ??	
195	270			114	46	
196	883			148	144	
197	882			201	154	
198	228			124	38	
199	189[20]	f°	X	54	44	15
200	321			212	59 ?	
201	323			123	40	
202	325			163	47	
203	329[21]	4°	XIV	191	39	1
204	335[22]	4°	XIII	240	62	20
206	283			267	83	
207	282			203	53	
208	320[23]	4°	XIII	99	37	22
209	272			103	52	
210	1001			80	70 ???	
211	332			106	38	
TOTAL				3521	1537	87
REPORT				12166	6189	338
TOTAL				15687	7726	425

(1) Liber confessionum S. Augustini.
(2) Hug. de S. Victore de Sacramentis.
(3) Biblia Sacra.
(4) Magister Sententiarum.
(5) Johannis de Deo Casus Decretalium.
(6) Johannis Chrysostomi homiliæ.
(7) Deuteronomium cum glossa.
(8) Leviticus cum glossa.
(9) S. Thomæ de Aquino Pa secundæ.
(10) Legenda aurea.
(11) Breviloquium de Floribus Josephi antiquitatum.
(12) Evangelium Lucæ cum glossa.
(13) Actus Apostolorum, Epist. Canonic , Apocalypsis
(14) Petri Comestoris Historia scholastica.
(15) S. Hieronymus in Epistolas Pauli.
(16) Vita beati Gregorii.

(17) Passiones et vitæ sanctorum.
(18) Biblia Sacra.
(19) S. Bonaventuræ de Institut. novitiorum.
(20) Vitæ SS. Remigii, Nicasii, Lamberti et Mauri.
(21) Sermones G. de Castro Theoderici, Guillelmi Parisiensis, Guidonis episcopi Cameracensis.
(22) Sermones dominicales.
(23) Johannis Beleth Gemma animæ.

(a) *Pour la portion en vélin.*
(b) *id.*

Feuillets retrouvés	No actuel	No ancien	Format	Siècle	Feuillets présents	Feuillets coupés	Feuillets retrouvés
	212	366			206	30 ???	
	215	369			72	13 ?	
	218	895			190	»	
	221	336 [1]	4°	XIV	160	62	18
	222	334 [2]	4°	XIII	190	56	33
	224	897			120	» ?	
	225	375			24	» ?	
44	226	898			126	»	
3	227	383			99	6	
42	228	901			34	1 [a]	
	229	905			538	»	
	230	907			147	»	
	231	904			220	»	
	232	384			180	15	
	235	900			138	5	
	240	906			166	»	
	244	794			139	3 [b]	
45	247	912			214	1 ?	
	248	914			398	»	
	249	915			241	3 ??	
	250	916			353	» ?	
1	251	841			173	»	
20	252	2			244	12	
	253	918			141	48 ? [c]	
	254	12			135	94	
27	255	927 II [3]	f°	XIV	112	80???[d]	7
	256	928 I [4]	f°	XIII	112	40	7
	»	II			78	34	
	»	III			87	25	
	257	927 I			200	110 ? [e]	
87	258	922			205	85 ???	
338	259	917			225	67 ? [f]	
	260	14			48	48 ?	
425	261	920			192	120 [g]	
	262	5 [5]	f°	XIV	52	34	2
	263	921			269	90 ?	
	264	935			155	145 [h]	
	Total				6383	1227	67
	Report				15687	7726	425
	Total				22070	8953	492

No actuel	No ancien	Format	Siècle	Feuillets présents	Feuillets coupés	Feuillets retrouvés
265	44			118	70	
267	15			166	175 ??	
268	926 I			224	90	
»	II			190	120 ???	
269	937			144	75 ???	
270	936			186	84 ???	
271	929			175	59	
272	941			230	119 [j]	
273	948			148	72	
275	934			201	51	
276	931 [6]	f°	XIII	285	112	25
277	938			271	130 ?	
278	933			208	121	
279	932			148	90???[k]	
280	942			117	40 ???	
281	51			104	56	
282	943			101	40	
285	88			143	113	
286	940			132	107	
287	939			214	131 [l]	
289	954			96	40 ??	
290	945			184	110 ??	
292	846			76	66 ?	
293	847			79	92 ?	
294	849			105	111 ? [m]	
295	952			174	76	
296	842			77	67	
297	848			133	120 [n]	
298	951			33	15 ??	
299	944			134	80 ?	
300	852			153	141	
302	958			92	53	
303	960			142	140 ??	
304	447			133	33	
305	968			122	129	
306	962			65	61	
307	851			209	119	
Total				5512	3308	25
Report				22070	8953	492
Total				27582	12261	517

(1) Summa Prædicantium.
(2) Liber Sermonum.
(3) Guillelmi Durandi Speculum judiciale.
(4) Gregorii Moralia super Job.
(5) Bonifacii VIII Sextus cum glossa.
(6) Concordantiæ veteris et novi Testamenti.

(a) *Paraît complet néanmoins.*
(b) *Nombreuses coupures.*
(c) *Nombreuses coupures.*

(d) *5 cahiers enlevés sur 21.*
(e) *8 cahiers enlevés sur 32.*
(f) *5 cahiers enlevés entièrement.*
(g) *8 cahiers enlevés entièrement.*
(h) *11 cahiers enlevés sur 25.*
(j) *7 cahiers enlevés entièrement.*
(k) *6 cahiers enlevés sur 28.*
(l) *12 cahiers enlevés sur 34.*
(m) *Pas un des 27 cahiers n'est entier.*
(n) *1 miniature enlevée.*

N° actuel.	N° ancien.	Format.	Siècle.	Feuillets présents.	Feuillets coupés.	Feuillets retrouvés.
309	959			130	56	
312	946			138	70 ?	
314	982			71	40 ???	
315	861			121	131 ??	
318	858			72	62	
323	860			72	77 ??	
324	953			86	74	
325	855			61	60 a	
326	859			63	90 ?	
327	930			145	150 ?	
329	976			49	60 ???	
330	856			57	61 b	
334	963			60	54	
336	974			35	50 ??	
339	975			193	127	
341	853			120	96	
343	862			26	26 ?	
344	961 [1]	f°	XIV	187	150 ??	1
346	867			42	44 ?	
347	864			72	85 ?	
349	870			73	79	
350	259 [2]	4°	XV	31	14	9
351	218 [3]	f°	XIII	100	36	18
354	868			123	137	
360	866			70	89	
361	151			24	4	
375	649			167	43	
378	980 I			94	31	
»	II			65	57 ???	
379	993			133	65	
380	869			26	23	
394	965			157	51 ? c	
395	998			63	50 ??	
397	877 [4]	f°	XI	49	70 ?	13
400	876			44	42 ?	
405	875			57	54	
408	1008			34	35 ??	
409	886			24	»	
410	880			144	75	
TOTAL				3278	2518	41
REPORT				27582	12261	517
TOTAL				30860	14779	558

N° actuel.	N° ancien.	Format.	Siècle.	Feuillets présents.	Feuillets coupés.	Feuillets retrouvés.
412	717			659	80 ??	
415	724			142	» ?	
416	1010			55	40 ??	
419	1000			63	60 ?	
420	885			51	34 ?	
421	881			134	105 ??	
422	887			54	26 ? d	
424	1026			89	90 ??	
425	1009			79	80 ???	
426	319			65	35 ?	
427	322 [5]	4°	X	138	52	1
428	755			68	»	
429	759			76	»	
430	331 [6]	4°	XIII	133	37	20
431	1017			103	80 ?	
432	1016			49	40 ?	
433	1013			30	20 ??	
434	1014			26	26 ?	
435	326 [7]	4°	XI	122	32	1
436	327			107	25	
437	1011			83	75 ??	
438	348			67	» ?	
440	1030			55	62	
441	1028			31	30 ?	
444	888			343	65 ?	
446	890			67	» ?	
448	368			309	40	
449	367			161	32	
451	362			96	12 ??	
453	364			56	8 ?	
455	1021			44	70 ???	
456	891			126	»	
459	1023			28	30 ??	
461	894			22	» ?	
463	1024			41	40 ??	
465	893			553	» ?	
466	328			46	6 ?	
469	889			151	2	
471	396			30	»	
TOTAL				4552	1334	22
REPORT				30860	14779	558
TOTAL				35412	16113	580

(1) Lectionarium de Tempore et de Communi sanctorum.
(2) Manipulus curatorum.
(3) Parabolæ Salomonis et Daniel cum glossis.
(4) S. Hieronymi Expositio super minorib. prophetis.
(5) Beda in Cantica canticorum.
(6) Petri Londoniensis Remediarium.

(7) Scintillæ Scripturarum de vita contemplativa.

(a) *Alternance des feuillets présents et des déficits.*
(b) *id.*
(c) *6 cahiers enlevés sur 26.*
(d) *Miniatures coupées.*

N° actuel.	N° ancien.	Format.	Siècle.	Feuillets présents	Feuillets coupés.	Feuillets retrouvés.
473	1020			72	90	???
474	1012			53	65	?
481	797			123	15	?
483	798			50	15	?
484	805			63	1	
485	809			87	33	
486	810			39	10	?
487	811			72	16	?
488	807			206	20	?
489	806			203	58	
490	802			141	15	?
491	801			70	8	?
495	799			36	10	
498	1035			87	93	
499	424			38	5	?
505	896			133	20	
507	902			65	»	
509	903			341	»	
510	814			126	31	
511	820			62	7	
512	821			97	20	?
513	822			127	4	?
514	1036			248	151	
515	789			291	»	
516	818			48	24	
517	817			42	5	?
518	815			199	30	???
519	816			113	26	?
520	785			175	6	
521	787			120	»	
522	819			54	7	??
523	826			42	9	?
524	825			72	7	?
525	824			42	7	?
526	827			147	36	??
527	830			158	»	?
528	831			82	15	?
533	792			99	2	?
534	832			142	83	?
536	791			173	1 [a]	
537	823			129	36	
539	834			107	23	
540	793			149	2 [b]	
541	835			102	50	
TOTAL.				5025	1060	
REPORT.				35412	16113	580
TOTAL.				40437	17173	580

N° actuel.	N° ancien.	Format.	Siècle.	Feuillets présents	Feuillets coupés.	Feuillets retrouvés.
542	836			29	»	?
543	837			243	112	?
545	795			185	»	? [c]
547	838			76	36	
548	839			68	10	
549	840			176	70	?
550	393			345	»	? [d]
558	385			106	7	
559	435 I			181	67	
»	II			150	74	
»	III			156	66	
560	4			298	149	??
561	1			137	139	
562	436 I			346	127	
»	II			335	125	
563	18			178	171	
564	441			84	58	[e]
565	442			186	95	
566	437 I			181	109	
»	II			234	126	
»	III			203	110	
567	438			146	92	[f]
568	455			182	59	
569	450			107	69	
570	457			86	22	
571	461			158	100	??
572	460			183	54	
573	462			155	127	
574	466			344	135	
575	465			177	121	
576	469			354	144	
577	470			301	104	
579	477			97	37	
580	473			203	102	
581	476			244	119	
582	474			340	129	
583	468			75	25	
584	484			46	6	
585	493			206	46	
586	497			170	33	
587	498			156	39	
588	504			40	14	
589	503			104	19	
590	508			98	10	?
TOTAL.				7869	3257	
REPORT.				40437	17173	580
TOTAL.				48306	20430	580

(a) *Paraît complet.*
(b) *Paraît complet.*
(c) *Nombreuses coupures. Miniatures enlevées.*
(d) *Paraît complet.*
(e) *Pas un cahier intact.*
(f) *Marges coupées.*

N° actuel	N° ancien	Format	Siècle	Feuillets présents	Feuillets coupés	Feuillets retrouvés
591	502			84	22	
592	500			178	38	
593	499			267	45	
594	501			214	42	
595	493			105	27	
596	483			89	20 ??	
597	505			212	33	
598	510			119	65	
599	507			212	34 ?	
600	512			135	73	
601	517			280	44	
602	520			161	34	
603	511			70	9	
604	509			102	66	
605	513			297	72	
606	523			190	62	
607	533			227	39	
608	546			172	35	
609	537			42	10	
610	541			95	54	
611	538			103	25	
612	543			146	33	
613	544 [1]	f°	XII	83	30	1
614	549			138	31	
615	560			57	14	
616	548			73	46	
617	542			136	60	
618	547			194	52	
619	550			189	51	
620	967			118	93 [a]	
621	555			204	41	
622	561			101	31	
623	563			162	22	
624	557			149	28	
625	559			168	28 ?	
626	563			261	54	
627	554			138	28	
628	553			147	36	
629	552			106	34	
630	83			334	114	
631	64			93	39	
632	551			124	25	
633	970			107	100 ?	
TOTAL.				6584	1839	1
REPORT				48300	20400	580
TOTAL.				54890	22269	581

N° actuel	N° ancien	Format	Siècle	Feuillets présents	Feuillets coupés	Feuillets retrouvés
634	78			194	68	
635	75			86	64	
636	76			110	56	
637	983			59	27 ?	
638	966			176	141	
639	80			108	64 ??	
641	82			122	62	
642	81			142	50	
643	571			262	42	
644	572			212	20	
645	570			137	29	
646	971			93	82	
647	575			232	51	
648	573			343	51	
649	567			157	29	
650	569			129	24	
651	574			254	36 ???	
652	566			162	1 ?	
653	556			133	33	
655	69			169	23	
656	564			260	4	
657	139			212	113	
658	124			91	59	
659	122			152	108	
660	66			46	34	
661	957			76	57	
662	70			112	62	
663	121			121	54	
664	120 [2]	f°	XIII	173	91	4
667	114			144	87	
670	109			207	111	
671	108			104	48 [b]	
674	106			55	53	
675	115			229	93	
679	112			40	24	
680	593			130	14	
681	617 [3]	f°	X	83	41	11
683	598			255	59	
685	599			87	19	
686	648 [4]	f°	XIII	78	20 ?	17
687	981			44	18	
688	586			151	29	
690	584			161	40	
TOTAL.				6291	2191	32
REPORT				54890	22269	581
TOTAL.				61181	24460	613

(1) S. Gregorii Moralia in Job.
(2) Glossa in Psalterium.
(3) S. Gregorii Dialogorum lib. IV.
(4) Sikardi Summa juris canonici.
(a) *Nombreuses coupures.*
(b) *Pas un cahier intact.*

No actuel.	No ancien.	Format.	Siècle.	Feuillets présents	Feuillets coupés.	Feuillets retrouvés.	No actuel.	No ancien.	Format.	Siècle.	Feuillets présents	Feuillets coupés.	Feuillets retrouvés.
694	585			114	23 ?		729	6391[13]	4°	XIV	290	78	32
693	620 [1]	f°	XI	54	21	15	»	II			328	97	
694	624 [2]	f°	XIII	92	40 ?	16	730	1029			42	30 ??	
695	623 [3]	f°	X	46	20	11	731	683			124	1 [d]	
696	621 [4]	f°	X	166	43	33	732	684			88	» ? [e]	
698	879 [5]	1°	X	148	120??? [a]	55	733	324 [14]	4°	XIV	200	52 [f]	1
699	627 [6]	f°	IX	145	29	23	734	686			116	» ?	
700	628 [7]	f°	IX	125	30 ??	19	735	682			110	» ? [g]	
701	626 [8]	f°	XIII	88	22	18	736	687			26	» ? [h]	
702	992			105	76		737	689			176	» ? [j]	
703	622 [9]	f°	XIII	111	43	27	739	333 [15]	4°	XIV	196	59	13
705	630[10]	f°	XIV	61	21	10	740	337			101	30 [k]	
707	1006			77	80 ???		741	685			142	» ? [l]	
708	633			91	34		742	681			334	3	
709	636[11]	4°	X	195	23	14	743	680			132	»	
710	634			307	54		744	678			187	2 ?	
711	657			253	55 ?		745	1031			29	45 ??	
712	638			74	14		746	354 [16]	4°	XV	185	85	8
715	1025			46	86		747	1015			98	177	
716	632			111	41		749	355			200	26 ???	
717	1007			65	50 ??		750	754			94	24	
718	1005			80	90????		751	1032			77	60 ???	
719	629[12]	f°	XIV	62	18	10	752	365 [17]	4°	XIII	127	33	7
720	671			107	»		753	1019			66	55 ???	
721	1027			68	40 ???		754	757			242	72	
722	674			241	3		755	394			114	43	
723	675			132	» ?		756	763			92	15 ?	
724	677			106	» ? [b]		757	760			104	24	
725	676			562	»		758	692			117	1	
726	679			218	» [c]		759	691			303	» ?	
727	670			163	1 ?		760	690			88	» ? [m]	
728	672			124	» ?		761	726			221	»	
TOTAL.				4337	1077	251	TOTAL.				4749	1012	61
REPORT.				61181	24460	613	REPORT.				65518	25537	864
TOTAL.				65518	25537	864	TOTAL.				70267	26549	925

(1) S. Ambrosii de Trinitate, cum epistolis ejusdem.
(2) Numerorum liber glossatus.
(3) S. Augustini Tractat. in epist. S. Johannis.
(4) Gregorii Nazian. et Joh. Chrysost. opuscula.
(5) Bedæ Expositio Evangelii sec. Lucam.
(6) Amalarius de Officiis ecclesiæ.
(7) S. Augustini Sermones de Evangeliis.
(8) Anselmus super Matthæo.
(9) Ricardi de S. Victore opuscula.
(10) Expositio Evangelii sec. Joannem.
(11) Johannis Chrysost. interpretatio Evangelior. Sixti sententiæ.
(12) Quartus liber sententiarum.
(13) Breviarium monasticum.
(14) Odonis de Castro Radulfi Distinctiones super Psalterium.

(15) Sermones de Tempore.
(16) Thomæ Cantimpratensis bonum Universale de proprietatibus apum.
(17) Sermones de Tempore et Festis sanctorum.

(a) 11 *cahiers manquent sur* 36.
(b) *Paraît complet.*
(c) *Endommagé du canif.*
(d) *Paraît complet.*
(e)   *id.*
(f) *Pas un cahier intact.*
(g) *Paraît complet.*
(h)   *id.*
(j)   *id.*
(k) *Pas un des 16 cahiers intact.*
(l) *Paraît complet.*
(m)   *id.*

N° actuel.	N° ancien.	Format.	Siècle.	Feuillets présents	Feuillets coupés.	Feuillets retrouvés.
762	734			217	» ? a	
763	735			108	» ?	
764	739			181	12 ??	
767	892			73	3	
768	1034			167	150 ??	
769	738			271	»	
770	741			149	» ?	
771	732			422	»	
773	730			193	»	
774	746			188	»	
775	744			140	2 ?	
776	747			405	2	
777	748			229	»	
778	779			70	» ?	
779	381			54	20 ??	
780	751			128	»	
781	750			84	» ?	
782	749			184	» ?	
783	377			230	12	
785	743			549	»	
787	740			374	» ?	
789	440			202	146	
790	919			212	79	
791	444			240	140 ?	
792	446			159	108	
793	443			238	135 ?	
794	447			179	25 ??	
795	8			234	152 ? b	
796	21			169	91	
797	449 I			234	136	
»	II			205	111	
798	445 I			138	84	
»	II			174	126	
799	448			191	67	
800	454			140	41	
801	464			145	93	
802	9			200	88 ? c	
803	478			124	78	
804	475			302	125	
805	480			257	97	
806	488			311	129	
807	481			189	45	
808	482			135	40 ??	
TOTAL.				8794	2337	
REPORT				70207	26540	025
TOTAL.				79061	28886	925

N° actuel.	N° ancien.	Format.	Siècle.	Feuillets présents	Feuillets coupés.	Feuillets retrouvés.
809	472			225	58	
810	479			119	56	
811	451			212	80	
812	49			168	128	
813	24			122	80 ?	
814	463			138	41	
815	459			248	51	
816	485			155	65	
817	487 [1]	f°	XIII	151	77 ?	/
818	43			131	111	
819	452			170	134	
820	456			178	43	
821	453			267	75	
822	20			71	60	
823	31			86	56 ?	
824	515			115	49	
825	36			92	84	
826	519			52	40 ?	
828	521			223	57	
829	525			188	34	
830	522			144	28	
831	524			313	129	
832	506			117	39	
833	492			172	38	
834	458			64	18	
835	45			89	47	
836	486			179	53	
837	489			186	39	
838	490			98	65	
839	496			370	90	
840	494			282	53	
841	491			171	98	
842	467			122	64 ?	
843	46			197	100 ?	
845	532			282	30	
846	534			275	49	
847	533			193	39	
848	84 I			121	107	
»	II			174	150	
849	539			139	63	
850	536			195	35	
851	86			144	78	
852	531			211	52	
TOTAL.				7369	2843	1
REPORT				79061	28886	925
TOTAL				86430	31729	926

(1) SS. Patrum Homiliæ et sermones per annum.

(a) *Paraît complet.*
(b) *Dont 100 au commencement.*
(c) *6 cahiers au moins manquent en entier.*

Nº actuel.	Nº ancien.	Format.	Siècle.	Feuillets présents	Feuillets coupés.	Feuillets retrouvés.
853	92			168	112	
854	527			102	68	
855	526			191	43	
856	950			195	70	
857	57			157	63	
858	529			91	25	
859	540			229	39	
860	530			105	47	
861	528			153	61	
862	518			185	72	
863	53			172	167	
864	514			147	82	
865	119 I			213	126	
»	II			115	59	
868	582			87	13	
869	223			93	6 ?	
870	588			31	»	
871	583			75	15	
872	580			212	66	
873	577			197	29	
875	568			99	23	
876	137 [1]	f°	XIII	171	54 ?	2
877	565			115	28	
878	576			178	39	
879	118			85	11	
880	972 II			105	60 ??	
881	579			89	15 ?	
882	986			140	79 ?	
883	990			34	25 ??	
886	985 [2]	f°	XIV	74	75 ?	1
887	116			75	63	
888	117			84	44	
889	969			88	47 [a]	
890	68			246	68 ?	
891	545			78	8	
896	648 [3]	f°	XIV	257	112 ?	38
897	587			182	»	
898	592			234	41	
899	590			136	35	
TOTAL.				5388	1990	41
REPORT				86430	31729	926
TOTAL.				91818	33719	967

Nº actuel.	Nº ancien.	Format.	Siècle.	Feuillets présents	Feuillets coupés.	Feuillets retrouvés.
901	597			94	27	
902	595			169	42	
903	589			113	33	
904	994			64	47	
905	591			191	43	
907	581			72	10 ?	
908	105			100	39	
910	303			96	40	
911	299			48	32	
913	314 [4]	4°	X	55	25	7
914	701			71	26 ?	
917	703 [5]	f°	XII	121	40 ?	19
918	307			58	30 [b]	
924	169 [6]	f°	XI	69	41	24
925	665			88	23 ?	
927	662			142	37 ?	
928	291			149	80	
929	664 [7]	f°	XIII	90	69 ?	4
931	695			98	34 ?	
932	615 [8]	f°	XIII	77	40 ?	15
935	107			157	64	
939	343			64	32	
940	342			84	21	
941	341			38	17	
942	344			133	36	
943	345			202	52	
944	352			99	53	
945	350 [9]	4°	XII	95	33	12
946	347 [10]	4°	XIII	47	35	1
947	346			140	50 ???	
949	339 [11]	4°	XI	212	65	1
950	725			33	» ?	
951	338			75	39	
952	721			65	2 ?	
953	719			67	8	
954	700			112	34 ?	
955	706 [12]	f°	XIII	64	12 ?	2
956	616 [13]	f°	XIII	110	55 ?	24
957	709			30	10	
TOTAL.				3786	1376	109
REPORT				91818	33719	967
TOTAL.				95604	35095	1076

(1) Odonis episcopi Tusculani Sermones.
(2) Missale Atrebatense.
(3) Summa confessorum.
(4) Hieronymus in Jeremiam.
(5) Johannis Cassiani Collationes Patrum.
(6) Collectanea ex beati Gregorii operibus.
(7) Guimundi Aversani Libri III de corpore et sanguine Domini, et alia.
(8) Isaïas cum glossa.

(9) S. Augustini opera varia.
(10) Beda de Tabernaculo.
(11) S. Augustini opuscula.
(12) S. Bernardi de Præcepto et dispensatione.
(13) S. Gregorii Homiliæ de Evangeliis. Sermones de tempore.

(a) *Plusieurs feuillets fortement endommagés.*
(b) *Pour la portion en vélin.*

No actuel	No ancien	Format	Siècle	Feuillets présents	Feuillets coupés	Feuillets retrouvés
958	716 [1]	4°	XIII	113	43	6
959	715			160	48 ?	
961	710 II			171	35	
962	720			116	34	
964	713			94	22	
966	710 I			245	57 ?	
967	707			71	17 ???	
968	698 [2]	f°	XIII	75	27	5
969	702			105	31	
971	694			173	»	
972	729			154	»	
975	727			130	»	
976	769			62	»	
978	413			80	38	
979	407			154	62	
981	399			96	45 ??	
983	766			62	» ?	
984	762			96	24 ?	
985	765			161	48 ?	
987	758			43	17	
988	358 [3]	4°	XII	49	15 ??	7
990	349			50	16	
991	330 [4]	4°	XIII	210	38	23
992	356			149	68	
993	752			112	31 ?	
994	753			52	7 ?	
995	360 [5]	4°	XIII	56	12	2
996	359 [6]	4°	XII	100	10 ?	8
997	357 [7]	4°	XIII	74	17	9
998	397			90	46	
999	768			113	» ?	
1000	772			75	» ?	
1001	771			281	90 ?	
1003	351 I			120	56	
»	II			109	41	
»	III			121	55	
»	IV			76	44	
TOTAL.				4198	1094	60
REPORT				95604	35095	1076
TOTAL.				99802	36189	1136

No actuel	No ancien	Format	Siècle	Feuillets présents	Feuillets coupés	Feuillets retrouvés
1005	414			103	29	
1006	770			96	» ?	
1010	431			184	30 ???	
1011	433			86	16	
1012	429			164	40 ?	
1014	421			171	40 ??	
1015	417			35	20 ?	
1016	411			66	18	
1018	418			254	106 ?	
1019	425			111	20 ?	
1020	899			96	»	
1021	780			230	»	
1022	781			300	»	
1023	782			120	» ?	
1024	788			64	»	
1025	784			79	»	
1026	783			82	»	
1027	380			172	12 a	
1029	812			154	24 ??	
1030	376			61	11	
1031	373			150	»	
1032	693			129	» ?	
1043	863			191	152	
1045	233			56	» ? b	
1047	178			69	33	
1048	171 [8]	f°	XII	95	53	32
1049	141 [9]	f°	XII	62	17	7
1050	865			79	73	
1051	140			113	2	
1052	132 [10]	f°	XIII	55	14	3
1053	181 [11]	f°	XIII	151	81	13
1054	174 [12]	f°	X	55	27 c	6
1060	182 [13]	f°	XIII	131	20	2
1064	271			188	44	
1065	277			177	36	
1067	280			118	43	
1068	276			103	30 ??	
TOTAL.				4550	991	63
REPORT				99802	36189	1136
TOTAL.				104352	37180	1199

(1) Haimonis Expositiones super Epist. Pauli.
(2) Sermones et homil. Patrum pro Tempore. Historia veteris et novi Testamenti.
(3) Collectanea e S. Gregorio magno.
(4) Breviarium.
(5) Eberhardi Bethuniensis Græcismus.
(6) Publii Ovidii Metamorphoseôn lib. XV.
(7) Deuteronomium cum glossa.
(8) Tractatus Origenis super Cantica canticorum a B. Hieronymo translatus. Hieronymus in Ezechielem.

(9) Liber Epistolarum et Evangeliorum.
(10) Commentarius in Deuteronomium.
(11) Evangelia cum glossis.
(12) Bedæ Expositio in Apocalypsim.
(13) Le Trésor de Brunetto Latini.

(a) *Disparu dans ces dernières années.*
(b) *Texte or et argent sur fond pourpre.*
(c) *Coupures aux feuillets.*

Nº actuel.	Nº ancien.	Format.	Siècle.	Feuillets présents	Feuillets coupés.	Feuillets retrouvés.	Nº actuel.	Nº ancien.	Format.	Siècle.	Feuillets présents	Feuillets coupés.	Feuillets retrouvés.
1070	275			362	» ?		1083	229			72	20	
1071	274 [1]	4º	X	49	23	4	1084	188			136	80	
1073	231			53	21		1087	285			80	6 ??	
1074	230			86	36		1094	371			147	»	
1078	273			56	16		1096	370			49	5	
1079	235 [2]	4º	X	105	26	2	1099	400			82	28	
1080	234 [3]	4º	XIII	143	48	1							
Total.				854	170	7	Total.				566	139	»
Report				104352	37180	1199	Report				105206	37350	1206
Total.				105206	37350	1206	Total.				105772	37489	1206

(1) Miracula S. Sebastiani. Vita S. Hugonis. Passio S. Benigni.

(2) Hieronymi et Bedæ super S. libros.
(3) Hugutionis magnæ Derivationes.

9 782019 934293